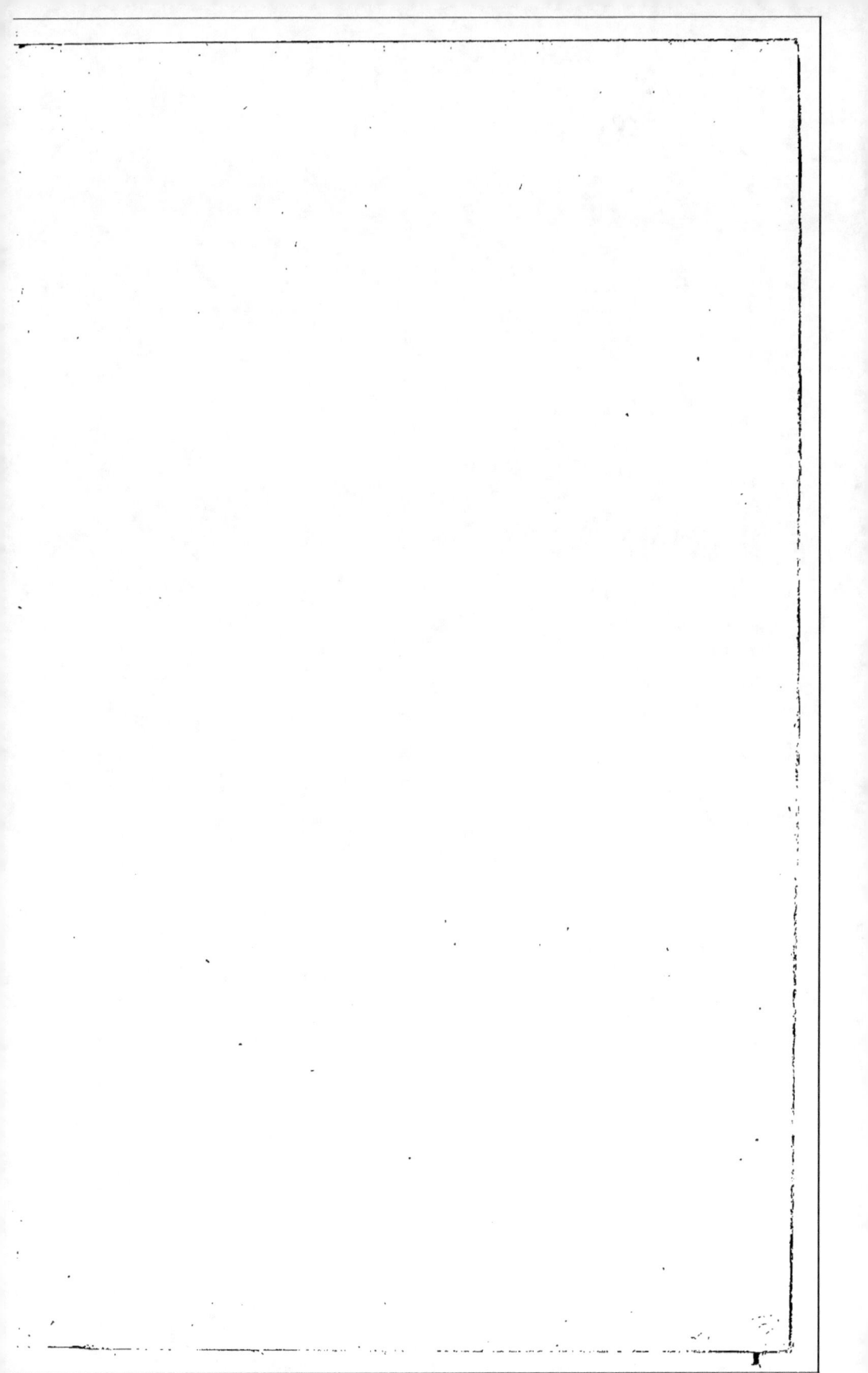

VOTE

D'UN

DAUPHINOIS

SUR L'ACTE ADDITIONNEL AUX CONSTITUTIONS
DE L'EMPIRE, DU 22 AVRIL 1815.

Par M. DUCHESNE, de Grenoble, Avocat.

> On me demandera si je suis Prince ou Législateur
> pour écrire sur la politique ; je réponds que non, et que
> c'est pour cela que j'écris : si j'étais Prince ou Législa-
> teur, je ne perdrais pas mon temps à dire ce qu'il faut
> faire ; je le ferais.
>
> Rousseau, *Contrat social.*

Depuis qu'il est question d'une assemblée du
Champ de Mai, « où les Constitutions de
» l'Empire seront corrigées et modifiées selon
» l'intérêt et la volonté de la Nation, » j'ai
cherché à m'éclairer sur la forme de Gouvernement qui pourrait le mieux assurer notre
bonheur et notre liberté.

A

J'ai relu avec attention les ouvrages les plus estimés de nos modernes publicistes; j'ai comparé leurs différens systèmes ; j'ai tâché de découvrir celui dont l'état physique et moral de la France permettrait de faire une utile application , et ce premier examen m'a convaincu que nous ne serions véritablement heureux et libres que du moment où nôtre pacte social reposerait sur les bases de la Constitution anglaise.

Je ne m'en suis pas tenu là ; j'ai voulu que l'expérience vînt au secours du raisonnement et rendit ma conviction plus entière. J'ai observé qu'en Angleterre, depuis la mémorable révolution de 1688 jusqu'à nos jours, on n'avait porté aucune atteinte sensible au *bill des droits*, qui est, à proprement parler, la Constitution de l'État; j'ai reconnu que la liberté de la presse et la liberté individuelle y avaient été religieusement respectées; j'ai acquis d'un autre côté la certitude que l'esprit d'opposition qui s'y manifeste de temps à autre, épargne toujours le Gouvernement, et ne s'attaque qu'au ministère : j'en ai conclu, j'ai dû en conclure qu'un pareil Gouvernement portait avec lui un principe certain de conservation.

J'ai ensuite jeté un coup-d'œil rapide sur les diverses Constitutions qui ont régi la France depuis 1789; j'ai vu qu'aucune d'elles n'avait été observée, qu'aucune d'elles ne nous avait fait jouir des droits dont elle semblait nous offrir la garantie; qu'aucune d'elles enfin n'avait été défendue ou regrettée......... En fallait-il davantage pour achever de me démontrer que l'heureuse Angleterre a, seule, résolu jusqu'à présent le difficile problème d'une liberté sans licence, d'une monarchie sans despotisme?

Au moment même où je terminais mes recherches, les journaux ont publié l'*Acte additionnel aux Constitutions de l'Empire*, qui doit être soumis à l'acceptation libre et solennelle de tous les Français.

J'ai été frappé des traits de ressemblance que cet Acte a avec la Constitution anglaise.

En Angleterre, le pouvoir législatif est exercé concurremment par le Roi, par la Chambre des Pairs et par la Chambre des communes; et cette division de la puissance législative y forme, de l'avis de Delolme et de Montesquieu, la première pierre de l'édifice social. — D'après l'Acte additionnel aux Constitutions de l'Empire, art. 2, le même pouvoir législatif serait exercé en France par l'Empereur et par les deux Chambres.

En Angleterre, la Chambre des Pairs est héréditaire ; et il est de l'essence d'un Gouvernement représentatif qu'il y ait un mélange de monarchie, de démocratie et d'aristocratie ; et cette hérédité de la Chambre des Pairs est peut-être la seule barrière qui s'oppose aux entreprises du Monarque contre le peuple, ou du peuple contre le Monarque. — Or, elle est consacrée par l'art. 3 de l'Acte additionnel.

Chez les Anglais, tous les Pairs sont à la nomination du Roi ; leur dignité est transmissible à l'aîné de leurs descendans mâles seulement ; leur nombre enfin est illimité ; et il est même à remarquer que sous le règne de Georges I.er, la Chambre des communes rejeta, comme destructif de la liberté, un bill de la Chambre des Pairs qui limitait le nombre de ses membres. — Des dispositions tout-à-fait pareilles sont renfermées dans l'art. 4 de l'Acte additionnel.

L'art. 5 du même Acte porte que la Chambre des Pairs est présidée par l'Archi-Chancelier de l'Empire. — En Angleterre, c'est le

Chancelier de l'échiquier qui la préside ; et personne n'y trouve que ce privilège de la couronne influe d'une manière sensible sur les délibérations de la Chambre.

D'après la Constitution anglaise, les membres de la Chambre des communes sont nommés directement par le peuple ; tout autre mode d'élection serait même repoussé par l'opinion publique. — L'art. 7 de l'Acte additionnel décide aussi que le peuple élira directement les membres de la Chambre des représentans.

Aux termes de l'article 8, le nombre des membres de cette Chambre est fixé à 629, et il suffit qu'ils soient âgés de 25 ans. — En Angleterre, avant la réunion de l'Irlande, la Chambre des communes se composait de 558 membres ; elle en a peut-être aujourd'hui de 6 à 700, et l'on peut y siéger à 21 ans. Ainsi, il n'existe entre les deux Constitutions aucune différence sensible ; ainsi, dans l'une comme dans l'autre, on a consacré le principe très-juste qu'une Nation nombreuse doit avoir une représentation imposante, et que de grands talens peuvent donner à la jeunesse les mêmes droits qu'à l'âge mûr.

L'art. 9 de l'Acte additionnel dit que le président de la Chambre des représentans est nommé par la Chambre; que sa nomination est seulement soumise à l'approbation de l'Empereur. — En Angleterre, l'orateur de la Chambre des communes (qui en est le président) doit également faire approuver par le Roi sa nomination; et cependant une expérience de tous les jours nous prouve que malgré cette prérogative du Souverain, il règne dans la Chambre des communes la plus grande indépendance d'opinion.

Les Anglais ont pensé que les membres de la Chambre des communes ne devaient point recevoir de traitement; qu'il ne leur était dû qu'une indemnité pour frais de voyage et de séjour; qu'autrement l'intérêt général fléchirait presque toujours devant l'intérêt particulier. — Telle est aussi la disposition renfermée dans l'art. 11 de l'Acte additionnel, où l'on voit que les membres de la Chambre des représentans recevront pour frais de voyage et durant la session, l'indemnité décretée par l'Assemblée constituante.

L'article suivant porte que les membres de la Chambre des représentans sont indéfiniment rééligibles. — La même chose se pratique en Angleterre, et l'on n'y est point effrayé de l'idée que des places, en quelque sorte gratuites, deviennent de loin en loin le patrimoine d'un talent éprouvé.

Chez les Anglais, le renouvellement de la Chambre des communes se fait de plein droit tous les sept ans, et il n'est pas partiel ; et chacun de ces renouvellemens généraux semble y donner une nouvelle vie au corps politique, tandis que des renouvellemens partiels y détruiraient toute espèce d'esprit public. — Or, je lis dans l'art. 13 de l'Acte additionnel, que la Chambre des représentans est renouvellée de droit, en entier, tous les cinq ans ; on ne peut se le dissimuler, ces dispositions sont les mêmes, à très-peu de chose près.

En Angleterre, les membres de la Chambre des Pairs et les membres de la Chambre des communes jouissent de quelques privilèges, qui semblent inséparables de leur dignité, et dont il n'est résulté jusqu'à présent aucun inconvénient grave. — Les art. 14, 15 et 16 de l'Acte additionnel leur en assurent aussi la jouissance.

La Constitution anglaise s'oppose à ce qu'un

comptable soit membre du Parlement ; mais cette dignité y est compatible avec toute autre place, parce qu'en effet la qualité de jugé ou d'administrateur ne saurait être exclusive de celles qui constituent le bon Citoyen. — L'art. 17 de l'Acte additionnel contient une disposition pareille ; seulement il étend avec raison la prohibition aux Préfets et aux Sous-Préfets, relativement au département ou à l'arrondissement qu'ils administrent.

Les art. 18 et 19 du même Acte portent que des Ministres et des Conseillers d'État peuvent siéger dans les Chambres, et prendre part aux discussions, ou donner les renseignemens qui leur sont demandés ; mais qu'ils n'y ont voix délibérative que lorsqu'ils sont membres de la Chambre. — Pareille chose a lieu chez nos voisins, où, si je suis bien informé, tous les Ministres doivent même être membres de l'une ou de l'autre des deux Chambres ; et chacun de nous a pu remarquer que cette fusion des Ministres dans les deux Chambres du Parlement anglais y répandait, en général, sur les discussions importantes, plus de lumières et d'intérêt.

En Angleterre, les deux Chambres discutent les lois publiquement, et grâce à cette règle salutaire, la Nation y est mieux instruite de ses droits et de ses devoirs, mieux éclairée sur la conduite de ses délégués. — L'article 20 de l'Acte additionnel porte que les *séances* des deux Chambres sont publiques; et cet article ne peut, à coup sûr, s'entendre qu'en ce sens, qu'il y aura une *discussion* publique des lois. Ce qui achève au reste de le prouver, c'est que dans nos précédentes Constitutions, ces mêmes expressions ont toujours rappelé une idée pareille; que sous l'empire de la Charte du 4 juin 1814, entr'autres, il y avait à la Chambre des députés une discussion publique des lois, quoique l'art. 44 de cette Charte se contentât de dire que les *séances* en seraient publiques.

L'art. 21 de l'Acte additionnel accorde à l'Empereur le droit de dissoudre la Chambre des représentans — Le Roi d'Angleterre jouit du même droit; il l'a exercé à plusieurs reprises, et la liberté n'en a souffert aucune atteinte, parce que ce droit est en effet un contre-poids politique sans lequel les deux Chambres pourraient facilement renverser le pouvoir exécutif; parce que le Roi, en appelant la

Nation à composer un nouveau Parlement, ne fait autre chose que soumettre sa conduite au Tribunal de l'opinion publique.

Je lis dans l'art. 26 du même Acte, qu'aucun discours écrit ne pourra être lu dans l'une ou l'autre des deux Chambres, à l'exception des rapports des Ministres et des Commissions. — Il en est de même chez les Anglais, et c'est peut-être une des principales causes de la chaleur et de la précision de leurs discussions parlementaires.

L'Angleterre met au nombre des causes principales de sa liberté, la règle que son Parlement s'est imposée et qu'il a constamment observée, de ne laisser percevoir aucun impôt, de ne tolérer aucun emprunt qu'il n'aurait pas légalement consentis. — L'art. 35 de l'Acte additionnel consacre ce principe d'une manière formelle, et il l'étend même aux inscriptions de créances sur le grand livre, ainsi qu'aux ventes ou échanges de quelques portions du domaine public.

Les deux articles suivans statuent que les propositions d'impôt et d'emprunt doivent être faites d'abord à la Chambre des représentans, qui doit être aussi la première à prendre

connaissance du budjet de l'État. — Tout
le monde sait qu'en Angleterre, cette impor-
tante prérogative est celle dont la Chambre
des communes se montre le plus jalouse ;
que c'est aussi celle qui, de l'avis de tous les
publicistes, établit le mieux un juste équilibre entre les trois parties qui y constituent
la puissance législative.

Comme le roi d'Angleterre est *impeccable*,
comme il n'est pas même permis de parler de
lui dans les discussions du parlement, ce n'est
pas lui qui agit, qui exécute ; ce sont ses
Ministres, chacun pour le département qui lui
est confié ; et cette fiction de la loi est sans
contredit une des conceptions politiques qui,
dans ce pays, concilie au plus haut degré la
majesté du Trône et la liberté des Citoyens,
parce qu'elle est le premier pas vers la responsabilité des Ministres. — L'art. 38 de l'Acte
additionnel admet cette salutaire fiction ; il
décide que tous les actes du Gouvernement
doivent être contre-signés par un Ministre
ayant département.

Il résulte des art. 39, 41 et 42 du même
Acte, que les Ministres sont responsables des
actes du Gouvernement signés par eux, qui

compromettraient la sûreté et l'honneur de la
Nation; que les Chambres exercent un pouvoir
discrétionnaire, soit pour caractériser le délit,
soit pour infliger la peine. — Chez les Anglais,
on n'a pas non plus spécifié et restreint les cas
auxquels s'appliquerait cette responsabilité; on
a mieux aimé que les deux Chambres fussent
juges souverains du point de savoir si tel ou
tel acte était punissable; et ce vague heureux
a été plus d'une fois l'écueil contre lequel
l'adroite perfidie d'un Ministre venait tôt ou
tard se briser.

En Angleterre, les Ministres sont accusés
par la Chambre des communes et jugés par
la Chambre des Pairs; on y a pensé que le
rôle d'accusateur convenait mieux au zèle
souvent trop ardent de la première, et que
le glaive de Thémis serait mieux placé dans
les mains plus pacifiques de la seconde. —
L'art. 40 de l'Acte additionnel renferme une
disposition pareille.

Les art. 43 et suivans déterminent les formes
et les délais de la mise en accusation, ou en
jugement de ces grands coupables : les formes
sont bien solennelles, les délais sont bien longs,
je l'avoue. — Mais ce n'est là que l'équivalent

de ce qui a lieu en Angleterre; et d'ailleurs, sans partager l'opinion de ceux qui pensent que le jour où un Ministre est mis en jugement doit être un jour de deuil pour tout l'État, il me semble qu'il faut mettre beaucoup de ménagemens dans une accusation dont le scandale réfléchit toujours un peu sur le trône.

Je passe à l'art. 51 ; j'y lis que l'Empereur nomme tous les juges, qu'ils sont inamovibles et à vie, sauf les juges de paix et de commerce pour la nomination desquels les anciennes formes sont maintenues. — Une des bases de la Constitution anglaise est aussi que le Roi nomme à toutes les places de judicature, mais qu'elles sont inamovibles ; de telle manière qu'une nouvelle prérogative est ajoutée à la couronne, sans que le grand principe de l'indépendance du pouvoir judiciaire soit violé.

Aux termes des art. 52 et 53, l'institution des jurés et la publicité des débats en matière criminelle sont maintenus. — Or, tout le monde sait que ce beau monument de la sagesse des anciens Saxons fut transporté en Angleterre dès les premiers siècles de la monarchie, et que perfectionné d'âge

en âge, il forme maintenant la plus redou-
table des barrières que la Constitution anglaise
puisse opposer au despotisme.

En Angleterre, il n'y a de Tribunaux d'exception que pour les militaires et pour les
personnes qui sont justiciables de la Chambre
des Pairs, parce qu'il n'y a point de véritable
liberté, là où l'on établit des dérogations au
droit commun que la nature même des choses
ne rend pas indispensables. — Les art. 54,
55 et 56 de l'Acte additionnel consacrent cette
règle salutaire dans des termes qui ne prêtent
nullement à l'équivoque.

Le droit de faire grâce communique à celui
qui en est revêtu un des plus beaux attributs
de la divinité, et c'est pour cela que les
Anglais en ont gratifié le Roi. — D'après
l'art. 57 de l'Acte additionnel, l'Empereur
jouit de la même prérogative.

L'égalité des droits civils et politiques est
un principe de la loi naturelle que les Gouvernemens despotiques osent seuls méconnaître
et enfreindre ; il est consacré par la Constitution anglaise. — Il se retrouve également
dans l'art. 59 de l'Acte additionnel.

Priver un Citoyen de ses juges naturels,

c'est tomber dans l'arbitraire; c'est se rendre coupable d'une sorte de déni de justice; aussi toutes les lois Anglaises s'y opposent-elles d'une manière formelle. — L'art. 60 de l'Acte additionnel le défend en termes non moins exprès.

L'exil proprement dit est presque toujours la peine qu'un tyran inflige à l'homme vertueux qui l'offusque; l'ostracisme des Athéniens était lui-même une tâche à la législation de Solon; sous l'égide de leur Constitution, les heureux Anglais sont à l'abri de ce fléau destructeur de la liberté. — L'art. 61 de l'Acte additionnel nous garantit pareillement que nous ne serons désormais exilés que dans les cas prévus par la loi.

La liberté de la presse est le véritable Palladium des droits du peuple; et pour qu'elle ne soit pas illusoire, il faut, comme en Angleterre, qu'il n'y ait point de censure préalable; il faut encore que tous les délits résultant de cette liberté soient, comme chez les Anglais, soumis au jugement des jurés. — Or, ces deux dispositions protectrices se trouvent exprimées dans l'art. 64 de l'Acte additionnel.

Dans un bon système de Gouvernement, il est indispensable que le droit de pétition soit

assuré; c'est l'exercice de ce droit sacré qui
fait connaître les abus d'autorité des agens du
pouvoir exécutif ; c'est encore l'exercice de ce
même droit qui éclaire la puissance législative sur les vœux et sur les besoins de la
nation. En Angleterre, il est garanti par la
loi constitutionnelle. — Chez nous, il va l'être
par l'art. 65 de l'Acte additionnel.

Tels sont à-peu-près les traits de ressemblance que cet Acte additionnel a avec la
Constitution anglaise; et, dans mon opinion,
ce sont autant de points sur lesquels il est à
l'abri de toute critique; car, je ne saurais trop
le répéter, au point de civilisation, ou de
corruption, auquel nous sommes parvenus, le
Gouvernement d'Angleterre me paraît être le
seul qui puisse asseoir notre prospérité sur des
bases vraiment durables; désirer autre chose,
ce serait encenser une chimère, ce serait vou-
loir nous replonger dans le chaos.

Et que l'amour propre national ne s'effarou-
che point de cette fidèle imitation ! que l'in-
domptable orgueil de nos éternels rivaux n'en
fasse point un nouveau trophée ! s'ils sont
dignes d'être à cet égard nos modèles, il
nous

nous est reservé, j'espère, de leur donner avant peu l'exemple non moins honorable de la modération dans la victoire.

Au reste, que ceux qui ne veulent pas être de serviles imitateurs de l'Angleterre se consolent; l'Acte additionnel aux Constitutions de l'Empire s'écarte de la Constitution anglaise sur plusieurs points importans, et quelquefois il perfectionne ce qu'elle peut avoir de vicieux ou d'incomplet.

En Angleterre, les élections à la Chambre des communes sont faites, dans les comtés, par tous les hommes qui possèdent un revenu de 40 schelings (40 francs); et dans les villes ou bourgs, par tous les hommes *libres*, ce qui s'entend à-peu-près de toute la population; de telle sorte que des choix d'où dépendent les destinées de l'État sont confiés à une multitude presque toujours passionnée ou aveugle.

Mais l'art. 27 de l'Acte additionnel maintient les dispositions du Sénatus-Consulte du 16 thermidor an 10, qui sont relatives aux Colléges électoraux de département et d'arrondissement; et comme il en résulte que les membres de ces Colléges électoraux doivent être pris, en grande partie, parmi les plus imposés du dépar-

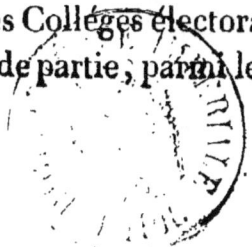

B

tement ou de l'arrondissement ; comme il eu
résulte encore qu'ils sont élus par les assemblées de canton, où tous les Citoyens sans
exception sont admis; comme il résulte enfin
de l'art. 31 de l'Acte additionnel que les
Colléges électoraux de département et d'arrondissement nomment la presque totalité des
Membres de la Chambre des représentans,
cette partie de notre pacte social a sur la Constitution anglaise l'avantage inappréciable que
le grand principe de la souveraineté du peuple
est respecté, que cependant on a une garantie
suffisante de la bonté des choix.

En Angleterre, à la vérité, on a cru obtenir cette juste garantie, en exigeant des
Membres de la Chambre des communes qu'ils
possédent des propriétés territoriales d'un
revenu de 600 liv. sterlings, s'ils représentent un comté, et de 300 liv. sterlings s'ils
représentent une ville ou un bourg. Mais en
voulant prévenir un inconvénient, on est
tombé dans un autre tout aussi grave ; on a
fait de ces places de Membres de la Chambre
des communes le patrimoine exclusif de l'opu-
lence ; ainsi, toute compensation faite, il
m'est démontré que sous ce premier rapport,

nous avons dans notre Constitution quelque chose de mieux que les Anglais.

Il est un second rapport sous lequel nous n'avons rien encore à envier à l'Angleterre. Des 558 députés qui composaient la Chambre des communes avant la réunion de l'Irlande, 45 seulement sont nommés par l'Écosse, dont la population est néanmoins le cinquième de celle de l'Angleterre ; quant aux autres, 92 sont nommés par les Comtés; tout le reste est au choix des villes et bourgs ; et la répartition s'en fait, de plus, dans cette dernière classe d'une manière si inégale, que des villes de 70,000 ames n'ont point de représentans, tandis qu'une foule de bourgs de quatre à cinq feux, qu'on nomme avec raison des *bourgs pourris*, en nomment un, et quelquefois deux.

Aussi Monsieur M.-J. Burgh, dans *ses recherches politiques*, fait-il observer que « dans la Grande-Bretagne, composée d'environ six millions d'habitans, 5700 personnes, dont la plus grande partie est de la dernière classe du peuple, élisent la moitié de la Chambre des communes, et 364 en choisissent la neuvième partie ».

Chez nous, au contraire, d'après l'art. 31 de l'Acte additionnel, et d'après un Décret annexé à cet Acte, le nombre de députés que chaque Collége électoral de département a à nommer, est en proportion avec la population; et si à l'égard des choix faits par les Colléges électoraux d'arrondissement, on a adopté une règle fixe et indépendante du nombre d'habitans, l'inégalité qui en est la suite ne peut pas entrer en parallele avec celle dont l'Angleterre offre le fâcheux exemple. Le représentant d'un arrondissement est toujours le représentant d'une population de 25 à 30,000 ames au moins; et en supposant l'inégalité sensible dans quelques cas, ce vice apparent disparaît devant l'intérét non contesté que chaque arrondissement doit avoir à être directement représenté.

Deux mots maintenant sur l'art. 33 de l'Acte additionnel, qui décide que l'industrie et la propriété manufacturière et commerciale auront une représentation spéciale, et qui la fixe à 23 Membres conformément au deuxième Décret annexé à cet Acte.

Cette disposition est à coup sur très-sage; dans un Etat dont la prospérité repose sur la

double base de l'agriculture et du commerce,
il est convenable que le commerce ait une représentation spéciale quelconque ; c'est là le seul
moyen qu'il ait de faire connaître ses besoins,
parce qu'ils ne sont pas, comme ceux de l'agriculture, à la portée de tout le monde. — Or,
la Constitution Anglaise ne contient point de
disposition pareille à celle-là ; il n'y a de représentation spéciale que pour les deux Uni-
versités d'Oxford et de Cambridge ; ainsi il est
aisé de voir que sous ce nouveau rapport,
nous avons trouvé mieux que notre rivale.

Je passe à l'art. 35 de l'Acte additionnel ;
j'y lis qu'aucune levée d'hommes pour l'armée
ne peut être ordonnée qu'en vertu d'une loi.
L'humanité souffrante appelait à grand cris
cette salutaire prohibition, dont le trop long
oubli a fait verser, en pure perte, des torrens de
sang, et nous a conduits, de succès en succès,
jusques aux portes de l'abyme. — Chez les
Anglais, tout est livré sur cela à l'arbitraire.
« Sous le prétexte d'un armement maritime,
» dit M. Livingston, dans *son examen du*
» *Gouvernement d'Angleterre*, on enlève de
» force non-seulement les matelots des navires
» marchands, mais encore de simples et pai-

» sibles Citoyens qui n'ont jamais monté sur un
» vaisseau, et qui n'ont aucune envie d'affron-
» ter les dangers de la mer et de l'ennemi ».

Chez nos voisins, la Chambre des communes ne peut accuser, et la Chambre des
Pairs ne peut juger d'autres grands fonctionnaires que les Ministres ; les Commandans
des armées de terre et de mer ne sont pas soumis à leur juridiction ; de sorte qu'il y a en
Angleterre un cas possible où un Comman-
dant d'armée, d'accord avec les Ministres,
compromettrait la sûreté ou l'honneur de la
Nation (par des hostilités prématurées, par
exemple,) et n'encourrait néanmoins aucune
peine. — C'est à quoi a pourvu l'art. 41
de l'Acte additionnel, qui porte que les Commandans d'armée de terre et de mer peuvent
être, en pareil cas, accusés par la Chambre
des représentans, et jugés par la Chambre des
Pairs.

L'Acte appelé *habeas corpus* garantit bien
aux Anglais, qu'en matière criminelle, leur
liberté individuelle ne sera point violée; mais
leur législation commerciale, qui fait partie
de leur Constitution, est d'une rigueur telle
que tout homme désigné par quelqu'un

comme son débiteur, est arrêté sans autre examen. Il faut l'avouer ; ce principe et celui consacré touchant la presse des matelots jus-tifient, jusqu'à un certain point, ceux de nos modernes Cimons qui ont prétendu que les Anglais (quant à leur liberté individuelle si vantée) ressemblaient à un guerrier dont l'écu coupé en deux ne couvre que la moitié du corps.— Mais, l'art. 61 de l'Acte additionnel est à cet égard très-rassurant, puisqu'il statue que nul ne peut être poursuivi, arrêté ou détenu que dans les cas prévus par la loi.

Enfin, s'il est un droit imprescriptible et sacré, c'est celui qu'a chaque Citoyen de rendre à la Divinité un hommage selon son cœur. Ce droit nous est garanti par l'art. 62 de l'Acte additionnel, qui proclame l'entière liberté des Cultes ; il nous est garanti encore par l'art. 67, qui prohibe à jamais tout Culte privilégié et dominant.— Mais la règle est tout-à-fait différente en Angleterre ; la Religion anglicane y est la Religion dominante et pri-vilégiée ; le Papisme y est proscrit impitoya-blement; il y est un titre d'exclusion pour tous les grands emplois ; et peu m'importe que ce soit par politique plus que par fanatisme ; si la cause est louable, l'effet est odieux; et tant que l'émancipation des catholiques y sera inutilement demandée, je m'éléverai avec tous les vrais philosophes contre ce scandaleux assemblage d'esclaves et de citoyens.

En voilà suffisamment pour prouver qu'à beaucoup d'égards l'acte additionnel est préférable à la Constitution anglaise elle-même; mais j'ai établi que sur une foule d'autres points l'imitation était parfaite; mais j'ai professé, en prenant la plume, l'opinion bien sincère que je m'estimerais heureux si notre Pacte social reposait sur les mêmes bases que la Constitution d'Angleterre.... Il semblerait donc que j'ai dû être des premiers à aller consigner mon acceptation sur les registres ouverts à cet effet.

J'ai long-temps hésité toutefois : peut-être même que sans la gravité des circonstances dans lesquelles nous nous trouvons, ma main n'aurait tracé, comme à l'époque du Consulat à vie, qu'un vote tout-à-fait négatif.

Après un pareil aveu, on est en droit de me demander compte de mes motifs : je vais les exposer avec toute la fermeté, avec toute la franchise d'un ami de la liberté.

En premier lieu, j'ai remarqué avec peine que l'art. 1.er de l'Acte additionnel se référait pour une foule de dispositions très-importantes, et à l'Acte constitutionnel du 22 frimaire an 8, et au Sénatus-Consulte du 16 thermidor an 10, et à celui du 28 floréal an 12, et à tous ceux que la force a pu arracher dans ces derniers temps à la foiblesse.

Que ces divers Sénatus - Consultes, de triste mémoire, soient maintenus pour tous les articles auxquels l'Acte additionnel n'a point dérogé, c'est ce que prouve l'article déjà cité qui, en parlant des Constitutions de l'Empire, désigne *nommément* les actes des 22 frimaire an 8, 16 thermidor an 10 et 28 floréal an 12; d'où la conséquence qu'il existe encore d'autres Constitutions de l'Empire qui sont maintenues *implicitement.*

Maintenant qu'une disposition aussi générale soit vicieuse, c'est ce qu'il me sera facile d'établir.

L'opinion publique s'est généralement prononcée contre le rétablissement de l'ancienne noblesse et contre le maintien de la nouvelle, lesquels avaient été consacrés par la Charte royale du 4 juin 1814. Tous les hommes éclairés se sont accordés à dire que leur double existence était incompatible avec la liberté et l'égalité des droits qui doivent être aujourd'hui le juste patrimoine de la nation; ils ont pensé que l'ancienne et la nouvelle devaient être frappées du même anathème; ils ont pensé que celle qui était maintenant la plus modeste, n'attendrait pas pour devenir la plus arrogante, que les traces de son origine se perdissent dans la nuit des temps; ils ont pensé, enfin, que si l'une avait usurpé des prérogatives inconnues à la noblesse du siècle de Charlemagne, l'autre pourrait bien aussi, quelque jour, transformer ses Majorats en repaires de la féodalité; et ils n'ont applaudi au décret de l'Empereur du 13 mars dernier qui a aboli la noblesse, et qui s'est réservé d'accorder des titres de distinction aux Citoyens les plus recommandables de l'Empire, que parce qu'ils ont été convaincus qu'il ne s'agissait point de titres héréditaires.

C'est dans cet état de choses que l'Acte additionnel a été publié; on y a vu que l'art. 67 et dernier ne proscrivait que le rétablissement de *l'ancienne noblesse féodale*;

on y a vu, d'un autre côté, que l'art. 1.er renvoyait aux anciennes Constitutions de l'Empire pour tous les points sur lesquels cet Acte n'avait pas statué; on en a conclu que les règlemens relatifs à la noblesse des Majorats faisaient partie de ces nombreux Sénatus-Consultes, désignés comme faisant partie des Constitutions de l'Empire; et l'on s'est récrié de toutes parts contre cette noblesse hérédi-taire, ajoutée *mystérieusement* à la noblesse héréditaire des Pairs, parce que presque per-sonne ne s'est rappelé que l'établissement des titres et des Majorats résultait simplement de deux décrets de l'Empereur, du 1.er mars 1808, qui ne peuvent être assimilés à des Sénatus-Consultes organiques des Constitutions de l'Empire, qui maintenant, par conséquent, ont encore besoin du sceau de la puissance législative.

Ainsi, rien n'est plus clair, la masse de la Nation a été induite en erreur; elle a cru que l'Acte additionnel faisait revivre forcément la nouvelle noblesse héréditaire; et si elle l'a cru, la faute en est à ceux qui ont fait aussi revivre fort inutilement des Sénatus-Consultes tombés en désuétude, et dont l'imagination se fait autant de fantômes.

L'observation que je viens de faire s'appli-
que également au droit de paix et de guerre ,
qu'une triste expérience doit nous faire désirer
de ne pas laisser entre les mains du pouvoir
exécutif, malgré l'exemple contraire que nous
offre la Constitution anglaise.

On se rappelle que depuis plusieurs années
le Gouvernement a fait la guerre et a traité
de la paix avec les diverses Puissances du
Continent, sans jamais requérir le consente-
ment du Sénat ou du Corps législatif ; on se
rappelle peut-être aussi que l'art. 27 du Sénatus-Consulte du 28 floréal an 12, impose au
Régent (dans le cas de minorité de l'Empereur) l'obligation de ne déclarer la guerre et
de ne signer des traités de paix qu'après en
avoir délibéré dans le Conseil de régence ;
et que cet article ne parle, ni du Sénat,
ni du Corps législatif ; d'où l'induction assez
naturelle que l'Empereur n'a besoin, en
pareil cas, ni de l'avis d'aucun Conseil, ni de
l'adhésion des grands Corps de l'État : on ne
fait pas réflexion qu'aux termes de l'art. 50
de l'Acte constitutionnel du 22 frimaire an 8,
les déclarations de guerre, les traités de paix-
d'alliance et de commerce , doivent être

proposés, discutés, décretés et promulgués
comme des lois, et qu'aucun Sénatus-Consulte
subséquent n'a modifié cette sage disposition. Or, enclin que l'on est à confondre le
fait avec le droit, on se persuade généralement que l'Acte additionnel conserve à l'Empereur cette dangereuse prérogative, tandis
qu'il maintient au contraire formellement un
article de la Constitution de l'an 8, qui est
tout-à-fait exclusif d'un semblable privilège;
et maintenant je me demande, je demande à
tout homme de bonne foi, si un Acte qui
prête à d'aussi fausses interprétations, n'est
pas un Acte dont la rédaction est tout au
moins vicieuse ?

Je pourrais multiplier les exemples des in-
convéniens inséparables de cet amalgame in-
digeste de cinq à six Constitutions *étonnées
du nœud qui les rassemble;* mais le temps
me presse : pour me servir des propres expressions de l'immortel auteur de *l'Esprit
des lois,* « je voudrais couler sur une rivière
» tranquille, je suis entraîné par un torrent. »

Je termine donc cette partie de ma critique
par la réponse à une objection qu'on ne man-
quera pas de me faire.

La Constitution anglaise est votre modèle, me dira-t-on, et cependant elle n'est aussi qu'une pièce de marquetterie. La grande Charte a précédé de près d'un siècle l'établissement de la Chambre des communes; ce ne fut que quelque temps après qu'on rendit la loi portant que l'impôt devrait être consenti par les deux Chambres; cette loi précéda à son tour de plus d'un siècle l'époque à laquelle on établit la responsabilité des Ministres; le fameux Acte d'*habeas corpus* ne fut fait que sous Charles II; sous le règne de Guillaume Ier, le *bill des droits* offrit à la Nation de nouvelles garanties; enfin, on ne consacra que quatre ans après le principe salutaire de la liberté de la presse. Peut-on se plaindre d'après cela de ce que notre Pacte social se compose en partie de lambeaux des précédentes Constitutions?

Quelle différence! en Angleterre la force des choses s'est opposée à ce qu'il en fût autrement, puisque la liberté ne s'y est montrée d'abord que comme un point dans l'espace, et qu'elle n'y est parvenue que petit à petit à son état actuel de force et de splendeur. D'ailleurs la disposition des esprits y est telle que dans le doute tout s'interprète en faveur du peuple.

Mais en France, où tant de gens veulent encore nous ramener au despotisme, le même jour peut nous voir, pour ainsi dire, désirer et conquérir la liberté, où nous pouvons sortir du chaos, un Pacte social régulier à la main, de la même manière que Minerve sortit toute armée du cerveau de Jupiter, il serait étrange qu'à côté de ce beau monument de notre moderne civilisation, nous laissassions subsister çà et là quelques colonnes d'un édifice tombé en ruines.

J'ai également plusieurs observations à faire sur l'art. 4 de l'Acte additionnel. J'en approuve le principe, ainsi que je l'ai dit tout-à-l'heure ; je crois que l'Empereur doit être maître d'augmenter à volonté le nombre des Pairs ; mais je regrette qu'on n'en ait pas fixé le minimum; mon motif est qu'il ne faudrait pas laisser au pouvoir exécutif la faculté de réduire la Chambre des Pairs à quarante ou cinquante membres, pour lui enlever par là toute espèce de considération, et rompre l'équilibre des trois parties de la puissance législative.

Ensuite, il me semble que le noyau de la

Chambre des Pairs devrait être fourni par la Nation ; que chaque département, par exemple, devrait être appelé à en nommer un membre. En cela, ce ne serait point s'écarter de la Constitution anglaise, ce serait au contraire s'en rapprocher ; il ne faut pas perdre de vue que ce furent les Seigneurs Anglais qui firent souscrire à Jean Sans-Terre cette fameuse grande Charte, où ils statuèrent pour eux plus encore que pour le peuple ; et qu'appelés dès ce moment à partager la puissance législative avec le Roi, ils restèrent, eux et leurs héritiers constamment indépendans de la couronne. D'où la conséquence qu'en France, il serait bon qu'une partie de la Chambre des Pairs ne dût rien non plus aux bienfaits de l'Empereur.

Enfin, je m'étonne qu'en déclarant gratuites les places des membres de la Chambre des Pairs, on n'ait pas autorisé la puissance législative à voter, comme en Angleterre, une dotation en faveur de l'homme peu fortuné que de grands talens ou de grandes vertus appelleraient à cette éminente dignité.... Que dirait-on si les portes du sanctuaire se fermaient pour un ministre tel que celui dont l'histoire l'histoire nous a conservé le souvenir, qui sorti des derniers rangs de la société, et investi pendant long-temps de toute la confiance de son Souverain, n'avait mis cependant en réserve que sa houlette et sa tunique ?

Je n'aime pas non plus que vingt-cinq membres de la Chambre des représentans, et dix membres de la Chambre des Pairs puissent, au gré de leur caprice, requérir des comités secrets. Sous l'empire de la Charte du 4 juin 1814, nous avons vu que, grâce à une disposition à-peu-près pareille, on nous avait dérobé la connaissance des discussions les plus importantes, telles que celles sur la liste civile et sur la responsabilité des Ministres. Les leçons de l'expérience ne doivent pas être perdues pour nous ; nous devons craindre qu'on n'abuse également de cette faculté accordée à dix et à vingt-cinq membres de couvrir d'un voile mystérieux les délibérations de leur Chambre. La Constitution de 1791 exigeait en pareil cas le concours de cinquante membres ; celle de l'an 3 voulait qu'il y en eût cent ; il me semble qu'il aurait fallu adopter au moins un de ces justes tempéramens.

L'art. 23 décide que le Gouvernement a la

C

proposition de la loi ; c'est là un changement
important fait à la Constitution anglaise ,
c'est donc déjà un préjugé défavorable. Ensuite Delolme , dans sa *Constitution d'Angleterre* , examine les deux systèmes ; et
en se prononçant contre celui qui a été
consacré dans l'Acte additionnel , il dit
« qu'on se rappelle que la personne qui est
» chargée du dépôt du pouvoir exécutif,
» réunit en elle toute la force et toute la ma-
» jesté publique ! qu'on se représente le grand
» et unique Magistrat de la Nation poursui-
» vant la sanction des lois qu'il aurait propo-
» sées avec la vivacité de ses intérêts, qui
» sont toujours si grands, avec la chaleur de
» l'orgueil monarchique qui ne veut point
» essuyer de refus, et en déployant toute
» l'immensité de ses ressources ! » . Enfin ,
n'avons-nous pas malheureusement éprouvé
que sous l'empire de la Constitution de l'an 8,
qui consacrait le même système après la des-
truction du Tribunat surtout, toutes les lois que
le Gouvernement a proposées ont été accep-
tées, lors même qu'elles étaient repoussées par
l'opinion publique ?..... on ne peut donc s'em-

pêcher de regretter que cet art. 23 ait été inséré
dans l'Acte additionnel.

Cependant il faut être juste, l'art. 24 mo-
difie utilement l'art. 23, puisqu'il autorise les
deux Chambres à proposer, et même à rédiger
les projets de loi qui leur paraissent conve-
nables ; de cette manière, on peut dire que
les deux Chambres ont la proposition de la
loi, concurremment avec l'Empereur ; et dès-
lors l'art. 23 devient à peu près sans danger,
d'autant que les deux Chambres ont la faculté
de proposer des amendemens (avantage dont
la constitution de l'an 8 ne faisait jouir ni le
Corps législatif, ni le Tribunat). Je n'insiste
donc pas sur cette partie de ma critique.

Mais j'ai vu avec peine que l'art. 26, en
parlant de la forme des discours prononcés
dans les deux Chambres, ne rappelait pas
cette excellente disposition du bill des droits
en Angleterre; « que la liberté des propos,
» les discussions et procédés en Parlement
» ne doivent être ni poursuivis, ni mis en
» question, en aucun Tribunal ou lieu, hors
» du Parlement. » La nécessité de cette garantie est d'une évidence telle que je crois

pouvoir me dispenser de la développer. L'article 69 de l'Acte constitutionnel du 22 frimaire an 8, dit bien que les fonctions du Corps législatif et du Tribunat ne donnent lieu à aucune responsabilité ; mais je doute qu'un pareil article soit l'équivalent de celui consigné dans le bill des droits ; d'ailleurs ce serait là, à tout évènement, un nouveau motif de regretter que l'Acte additionnel nous renvoie sans cesse à une Constitution et à des Sénatus-Consultes dont presque personne ne se rappelle les dispositions.

L'art. 27 sera à son tour l'objet de quelques observations ; c'est celui qui est relatif au maintien des Colléges électoraux d'arrondissement et de département, créés par le Sénatus-Consulte du 16 thermidor an 10. Je ne m'élève point contre les articles de ce Sénatus-Consulte, portant que les Membres des Colléges d'arrondissement ne sont soumis à aucune condition de propriété ; que ceux des Colléges électoraux de département, au contraire, doivent être pris parmi les six cents plus imposés ; je trouve très-bien qu'après avoir fait une ample part aux talens, on ait accordé quelque chose à la propriété ; mais je suis fâché qu'on n'ait pas modifié l'art. 20 de ce Sénatus-Consulte, qui statue que tous les Membres des Colléges électoraux sont à vie, à moins qu'ils ne soient retirés de la liste, d'après le vœu des trois quarts de leurs collégues. Lorsque les importantes fonctions d'électeurs sont confiées à un petit nombre de Citoyens, il ne faut pas qu'elles soient perpétuelles ; car le résultat nécessaire de ce système est de faire du principe de la souveraineté du peuple un principe sans application. C'est bien assez que des considérations politiques d'un ordre supérieur déterminent une Nation à établir un pouvoir exécutif et une Pairie héréditaires ; si elle confie encore à un corps inamovible le soin de choisir ses représentans, elle devient alors tranquille spectateur des évènemens ; elle ne prend aucun intérêt à des hommes sur le choix desquels elle n'a pas même influé d'une manière indirecte, et elle ne sort de sa stupeur qu'au moment où leurs coupables écarts lui arrachent un cri de douleur.

Pour ne plus revenir sur ce que j'ai à dire au sujet de la composition des Colléges électoraux, j'approuvais tout-à-fait la disposition de l'art. 27 du Sénatus-Consulte du 16 thermidor an 10, d'après lequel le premier Consul pouvait appeler dans quelques Colléges un nombre déterminé de légionnaires. Mais on était allé ensuite trop loin, lorsque, dans le Sénatus-Consulte du 28 floréal an 12, on avait statué, art. 99, que tous les légionnaires, sans exception, feraient partie d'un Collége électoral de département ou d'arrondissement ; il en était résulté le grave inconvénient que la moitié au moins de ces Colléges pouvait se trouver composée de membres très-recommandables assurément, mais qui n'y étaient pas expressément appelés par le vœu de la Nation. Or, l'Acte additionnel n'a modifié en aucune manière l'art. 99 du Sénatus-Consulte du 28 floréal an 12.

Je n'aime pas mieux qu'aux termes de l'art. 29, un Membre de la Chambre des Pairs, désigné par l'Empereur, soit président à vie et inamovible de chaque Collége électoral de département. Le motif qui a dicté cette disposition n'a pas été certainement que sans cette précaution de pareilles assemblées seraient trop tumultueuses ; car alors il aurait fallu décider la même chose pour les assemblées

tout aussi nombreuses des Colléges d'arrondissement, et cependant, à l'égard de ceux-ci,
l'art. 3o se borne à dire que leurs président et
vice-présidens seront nommés chaque fois par
le Collége électoral du département. Le véritable motif paraît donc être que ce président
à vie exercera nécessairement quelqu'influence
sur les choix du Collége électoral de département. Or, je me demande si toute influence
étrangère n'est pas dangereuse, si elle devrait
d'ailleurs être exercée par un Membre de la
Chambre des Pairs, et de manière à faire ger-
mer la dangereuse idée que la Chambre des
Pairs est plus dans l'État que la Chambre des
représentans.

S'agit-il des règles établies par l'art. 34, relativement à l'impôt? il en est une à laquelle
j'ai peine à donner mon approbation ; c'est
celle qui porte que les impôts indirects peuvent être votés pour plusieurs années. Je n'en
conçois pas la nécessité , et j'en entrevois le
danger. Je crains que le Ministère ayant obtenu
pour plusieurs années le vote d'un impôt in-
direct considérable, ne trouve le moyen de se
passer de l'impôt direct pendant le même laps
de temps ; que par suite, il ne néglige de

convoquer les deux Chambres, et que nous ne soyons ainsi privés des avantages d'une convocation annuelle, laquelle, on le sait, n'est point établie par l'Acte additionnel, comme elle l'était par la Charte royale et par la Constitution du Sénat. Je sais que c'est simplement une faculté dont les deux Chambres peuvent ne pas user; mais tant que nous ne serons pas bien façonnés à la liberté, elles auront difficilement sur cela l'inflexible sévérité du Parlement anglais.

Même observation à faire au sujet de l'art. 36, qui dit que toute proposition d'impôts, d'emprunts ou de levées d'hommes ne peut être faite qu'à la Chambre des représentans; on n'a pas ajouté qu'à l'exemple de la Chambre des Pairs d'Angleterre, notre Chambre des Pairs ne pourrait faire aucun amendement à de pareils projets. Quoique la Chambre des représentans ait certainement le droit de rejeter tous ceux que la Chambre des Pairs aurait amendés, de long-temps, peut-être, elle n'aura la fermeté d'adopter cette sage jurisprudence; mais si elle ne l'adopte pas, elle perdra une de ses prérogatives les plus importantes, et l'équilibre sera rompu; ainsi, il est fâcheux qu'on ne lui en ait pas imposé l'obligation expresse.

L'art. 75 de l'Acte constitutionnel du 22 frimaire an 8, renferme une disposition fort extraordinaire ; il statue que les agens du Gouvernement, autres que les Ministres, ne peuvent être poursuivis pour des faits relatifs à leurs fonctions qu'en vertu d'une décision du Conseil-d'Etat ; qu'en ce cas, la poursuite a lieu devant les Tribunaux ordinaires. Il en résulte qu'un Ministre qui voudra échapper à toute espèce de responsabilité, mettra en avant un agent subalterne dont il sera sûr; que celui-ci pour servir les passions de son supérieur, violera, soit la liberté individuelle, soit tout autre droit des Citoyens, et qu'il restera néanmoins impuni, parce que le Ministre obtiendra facilement du Conseil-d'Etat qu'il n'autorise pas la mise en accusation.

L'art. 50 de l'Acte additionnel, donne l'esperance que cette arme du despotisme sera arrachée des mains des Ministres ; mais il se contente de dire que l'art. 75 de l'Acte constitutionnel du 22 frimaire an 8 sera modifié par une loi, et cette rédaction ne nous fait entrevoir le changement désiré qu'à tra-

vers des obstacles de tout genre. En effet, il
s'agit d'une loi à rendre, et il faut pour com-
pletter la loi, le concours des deux Chambres et du Pouvoir exécutif: qui nous garantit
que les Ministres se prêteront de bonne foi
à une mesure qui doit resserrer leur autorité
dans des bornes plus étroites que par le
passé ?

Je l'avouerai, je suis également fâché que le
même Acte additionnel, qui maintient l'institution du Jury, qui proscrit les exils et les déten-
tions arbitraires, qui proclame la liberté des
Cultes et la liberté de la Presse, n'ait pas rayé
du Code de nos lois criminelles les mots odieux
de séquestre et de confiscation. Le séquestre
précède le jugement ; il est donc une violation de cette règle de droit et d'équité qu'il
n'appartient qu'aux Tribunaux d'infliger une
peine. Quant à la confiscation, elle fait presque toujours peser sur un innocent la faute
qu'on cherche à punir, et mon cœur comme
ma raison répugnent à l'idée que les crimes
ne sont pas personnels.

On m'objecte que ce que l'humanité ré-
prouve, la politique le commande quelquefois
impérieusement....... je puis me tromper, mais

j'aime à me persuader que si un moderne
Aristide s'adressait à la Nation française ras-
semblée, et lui disait : *La peine de la confiscation est utile, mais elle est injuste ;*
tout le monde s'écrierait comme à Athènes :
Nous n'en voulons point !

Au surplus, qu'on ne pense pas que cette
observation est faite dans le secret dessein
d'alarmer les acquéreurs de biens nationaux ;
il y a dans l'état social, plus que partout
ailleurs, des circonstances extraordinaires qui
font fléchir momentanément les principes ; et
ce qui a été jugé nécessaire pour conjurer les
dangers dont nous étions menacés à l'aurore
de la Révolution, est par cela même justifié ;
car *le salut du peuple est la première loi ;*
c'est là un adage de tous les temps et de tous
les pays.

D'ailleurs, qu'importerait en pareil cas que
le Gouvernement eût eu quelques torts ? ils
ne pourraient réfléchir sur l'acquéreur des
biens ; sa conscience doit être tranquille, et
ses droits doivent être sacrés toutes les fois
qu'une loi a consacré la légitimité de la vente ;
tout serait bouleversé dans un Etat, si chaque
particulier, avant de profiter du bénéfice

d'une loi, se croyait obligé d'en discuter avec son *directeur* et les principes et les détails. Enfin, si les acquéreurs des biens des Religionnaires, qui quittèrent la France après la révocation de l'Edit de Nantes, furent toujours réputés des acquéreurs de bonne foi, les acquéreurs de biens d'émigrés ne sauraient être assimilés, dans aucun état de cause, à des dépositaires infidèles.

J'arrive à l'art. 57 de l'Acte additionnel; j'y vois que l'Empereur a le droit de faire grâce; mais je m'étonne qu'il n'y ait point d'exception à l'égard des Ministres que la Chambre des Pairs aurait condamnés à une peine quelconque. En Angleterre, un acte du Parlement a statué « qu'aucun pardon, quoi- » que passé sous le grand sceau, ne pourra » être allégué contre une accusation intentée » par la Chambre basse ». Et il ne faut rien moins qu'une règle pareille, si l'on veut faire l'application des principes posés touchant la responsabilité des Ministres, parce que l'expérience a du nous convaincre qu'un Ministre prévaricateur avait presque toujours l'art de fasciner les yeux du Monarque, et de s'offrir

à lui comme l'honorable victime d'un dévoue-
ment à toute épreuve.

Il semblerait que l'art. 61 de l'Acte additionnel a garanti suffisamment la liberté individuelle des Citoyens, quand il a déclaré que
nul ne pourrait être poursuivi, arrêté ni détenu que dans les cas prévus par la loi, et
suivant les formes prescrites ; cependant cet
article a le très-grand vice de laisser à la
loi, c'est-à-dire à une institution variable de
sa nature, le soin de régler un des points
les plus importans du pacte social; il a encore le vice non moins grand de se référer sur
ce point à la loi subsistante, laquelle ne spé-
cifie pas, comme l'*habeas corpus* des Anglais,
le délai fixe dans lequel le procès d'un pri-
sonnier doit s'instruire. Enfin, cet article a
cela de remarquable qu'il n'offre aucune garantie que la règle, bonne ou mauvaise, sera
observée. J'ai long-temps cherché quelle pourrait être la sanction des règles sur la liberté
individuelle; et il m'a paru que le seul moyen
de l'obtenir, serait de donner à des membres de la chambre des représentans (et non
à des conseillers d'état, comme autrefois) le
mandat exprès de visiter à certaines époques
les prisons de leurs départemens.

Qui le croirait ? j'ai aussi à me plaindre de
l'article de l'Acte additionnel sur la liberté de
la presse, et voici en deux mots mes motifs :
chez les Anglais, la règle générale est que
le Magistrat qui prohibe un fait quelconque
doit produire la loi sur laquelle cette prohibition est fondée, que jusques-là la liberté
des Citoyens est indéfinie ; et cette règle s'ap-
plique encore plus particulièrement à la liberté
de la presse qui y est entière, par cela seul
que depuis l'année 1694 on n'a point renou-
velé les restrictions apportées précédemment
à l'exercice de ce droit.

Mais chez nous, il en est tout autrement :
par une fatalité dont j'ai peine à me rendre
compte, la liberté de la presse y passe, dans
l'opinion des gouvernans, pour un privilège
plutôt que pour un droit; et la conséquence
de cette abbération de principes est que ceux-
là seuls peuvent en jouir, que la loi constitutionnelle aura formellement affranchis de toute
espèce d'entraves.

Cela posé, il me semble que les rédacteurs
de journaux ne sont pas compris dans la géné-
ralité des expressions de l'art. 64 de l'Acte
additionnel; et je tire ma preuve de cette

circonstance qu'en France, les journaux ont été soumis, presque constamment, à une police particulière; je la fais encore résulter du fait très-important que depuis le Décret qui supprime la censure, ils ont parlé de la liberté de la presse, et n'ont jamais osé en faire usage. Or, si mes craintes sont fondées, n'ai-je pas eu raison de dire que l'art. 64 de l'Acte additionnel laissait quelque chose à désirer? Les journaux ne sont pas toujours les fidèles interprètes de l'opinion publique, je l'avoue; mais la liberté est un bien, quoiqu'elle soit inséparable d'un peu d'agitation; il en est de même des journaux; leur libre publication est un bien; et cependant ils peuvent quelquefois prendre la licence pour la liberté, mettre la passion à la place de la vérité.

Je n'ai qu'une observation à faire sur l'art. 65 : il décide que même les pétitions adressées à l'une ou à l'autre des deux Chambres doivent porter l'intitulé à Sa Majesté l'Empereur; dans mon opinion, la couronne n'avait pas besoin de cette prérogative d'une nouvelle espèce, et les deux Chambres méritaient d'être traitées avec plus d'égard.

L'article 67 et dernier m'a moins satisfait

encore : je n'aime pas à y voir le nom des Bourbons ; ils nous sont devenus étrangers. A quoi bon nous en rappeler dans cette occasion le souvenir ? A quel propos étendre notre prévoyance sur un avenir en quelque sorte chimérique, et manifester d'une manière indirecte des craintes sans fondement ?

J'aurais bien encore à me plaindre du silence que l'Acte additionnel a gardé sur plusieurs points importans, sur le droit de *résistance* des Anglais, sur la liste civile, et sur l'intention bien formelle de la France de renoncer désormais à faire des conquêtes ; mais il me reste tant de choses à dire sur la forme de cet Acte, que je crois devoir laisser à mes lecteurs le soin d'apprécier le danger plus ou moins grand de ces omissions.

Quant à la forme donc, j'ai de nombreux griefs à articuler ; et je vais les exposer sans aigreur, mais sans ménagement, bien convaincu que c'est là le plus bel hommage que le Citoyen d'un État libre puisse rendre au Monarque et à ses Ministres.

Je l'avouerai, ma critique porte d'abord sur la partie du préambule de l'Acte additionnel,

où

où je lis que l'Empereur avait cherché à perfec-
tionner, à diverses époques, nos formes cons-
titutionnelles , et que les constitutions de
l'Empire se sont ainsi formées d'une série
d'actes qui ont été revêtus de l'acceptation du
peuple.

Les constitutions de l'Empire ne compren-
nent pas seulement l'acte constitutionnel du
22 frimaire an 8, et le sénatus-consulte du
16 thermidor an 10 , et celui du 28 floréal an
12; elles se composent aussi, on le sait, de
tous les autres sénatus-consultes organiques
qui ont suivi ou précédé ceux-ci. Or, il n'est
pas exact de dire que cette série d'acte ait été
revêtue de l'acceptation du peuple; l'acte constitutionnel du 22 frimaire an 8 a été soumis,
à la vérité, à cette acceptation; mais il n'en a
pas été de même du sénatus-consulte du 14
thermidor an 10 : le peuple avait voté simplement sur le point de savoir si le premier Consul
serait institué Consul à vie; il resta, et il est
resté, jusqu'à ce moment, tout-à-fait étranger
au prétendu sénatus-consulte, organique de sa
décision sur le Consulat à vie. Le sénatus-
consulte du 28 floréal an 12 a bien été aussi
revêtu de l'acceptation du peuple; mais cette

formalité n'a point été observée à l'égard des
Sénatus-Consultes subséquens, notamment à
l'égard de celui qui a aboli le Tribunat déjà
décimé par le Sénatus-Consulte du 16 thermidor an 10 ; et il n'était pas selon moi convenable de présenter, comme revêtus de l'acceptation libre de la Nation, des Actes que peut-
être le Sénat n'avait pas même discutés.

Ensuite, j'ai été étonné de lire dans le même
préambule que l'Empereur avait ajourné vo-
lontairement plusieurs institutions destinées
plus spécialement à protéger la liberté des
citoyens. Dans mon opinion, il aurait mieux
valu laisser croire qu'à cet égard la Nation
n'avait point encore exprimé son vœu : qu'on
rapproche cette déclaration de celle qui se
trouve à la suite de l'adresse du Conseil d'état
à l'Empereur, et l'on sera ramené malgré soi
à la triste idée que, chez quelques personnes,
la souveraineté de la Nation est encore un
problême.

Une autre réflexion m'a frappé : l'Acte qui
est aujourd'hui soumis à notre acceptation est
intitulé *Acte additionnel aux Constitutions
de l'Empire;* il donne à entendre par conséquent que ces Constitutions de l'Empire n'ont

pas cessé de régir la France, et que l'Empereur n'a pas cessé de régner sur elle. Cependant je crois pouvoir dire qu'en fait et en droit, il s'est écoulé un laps de temps pendant lequel elle a reconnu, et un autre Chef, et une autre Constitution.

Ma proposition est vraie en fait, puisque la justice s'y est rendue au nom de Louis XVIII, puisque la Charte royale du 4 juin 1814, malgré sa forme éminemment despotique, malgré les dangereux principes qu'elle consacrait, y a été réputée loi de l'État.

Ma proposition est encore plus vraie en droit ; car l'abdication non contestée de l'Empereur avait dégagé tous les Français de leurs sermens, et avait fait tomber avec lui les diverses Constitutions de l'Empire.

Vainement dirait-t-on que cette abdication fut forcée ? je le crois ; mais sans le retour de l'Empereur, ce serait peut-être un problème pour l'immense majorité des français, et cela seul décide la question. Au surplus, le Gouvernement lui-même l'a jugé ainsi, puisqu'il exige de ses anciens Fonctionnaires encore en place un second serment de fidélité.

Vainement ajouterait-on qu'entre l'abdication de l'Empereur et son retour, il ne s'est écoulé que quelques mois : en fait de principes, le temps n'est rien; et si l'on s'est récrié avec raison contre l'étrange prétention de Louis XVIII, qui voulait avoir régné sur la France pendant dix-neuf ans, je crains fort qu'on ne repousse aussi l'idée que le Souverain de l'isle d'Elbe était resté Empereur des Français malgré son abdication.

Mes dernières observations porteront sur le décret qui est annexé à l'Acte additionnel, et qui statue que l'acceptation du peuple Français sera constatée par des registres sur lesquels chaque citoyen pourra aller, dans le délai de dix jours, constater librement son vote.

Je n'insiste pas sur ce que ce délai de dix jours est bien court, quand il s'agit d'exprimer son vœu sur un acte aussi important et aussi complexe qu'un acte constitutionnel; on me répondrait que les évènemens se pressent, qu'il faut mettre un terme à la dangereuse dictature de l'Empereur, et ces argumens seraient d'un grand poids.

Je m'attache donc simplement à faire remarquer que cet Acte est présenté à l'acceptation de la Nation, avant d'avoir été soumis à aucune

discussion préalable de la part de ses représentans; qu'il n'est pas même donné comme le
résultat des méditations d'un certain nombre
d'hommes d'état et de publicistes; qu'il paraît
être seulement l'expression des volontés, des
principes politiques de l'une des parties inté-
ressées; que rien ne garantit par conséquent
qu'on y ait fait un juste partage des charges
et de l'autorité; que cependant une Constitution *présentée à l'acceptation* du peuple est,
par la force même des choses, une constitution
acceptée; qu'ainsi, nous n'avons en réalité
que l'équivalent d'une Charte *octroyée volon-
tairement, et par le libre exercice de l'autorité impériale.*

Peu importerait qu'on eût procédé conformément à ce qui s'est fait en l'an 8, en l'an 10 et
en l'an 12. Ne renoncera-t-on jamais à ce dangereux système, que les Gouvernemens modernes paraissent avoir adopté, de chercher à justi-
fier une première violation de principes par une
seconde, une seconde par une première! D'ailleurs, on n'aurait rien prouvé en établissant
que ce qui a été fait une première fois, doit
servir nécessairement de règle pour l'avenir; il
faudrait encore prouver qu'en l'an 8, en l'an

10 et en l'an 12, la situation des choses était la même, et ce serait impossible à tous égards.

En l'an 8, par exemple, l'Acte constitutionnel était l'ouvrage de 5o Membres du Conseil des Anciens et des Cinq cents ; il avait donc déjà été discuté par des hommes qui étaient, jusqu'à un certain point, les représentans de la Nation.

En l'an 10, le peuple, ainsi que je viens de le faire observer, ne vota point sur le Sénatus-consulte organique du 16 thermidor; il fut simplement appelé à émettre son vœu sur le Consulat à vie; or, sur une question aussi simple, il n'y avait pas, il faut l'avouer, nécessité d'une discussion préalable.

En l'an 12, enfin, le peuple émit bien son vœu sur tout le Sénatus-consulte du 28 floréal ; mais ce Sénatus-consulte avait été discuté, ou était présumé avoir été discuté librement par le Sénat.

Par conséquent, à cette époque et aux autres époques déjà citées, les formes avaient été sans contredit mieux observées qu'elles ne l'ont été pour l'Acte additionnel soumis aujourd'hui à notre acceptation.

Se rejeterait-on sur la gravité des circons-

tances qui exigeaient des mesures promptes,
et qui s'opposaient à ce que des députés de
la Nation vinssent préalablement émettre leur
vœux sur l'Acte additionnel proposé. Deux
mots me suffiront pour réduire cette objection
à sa véritable valeur.

En l'an 8, la Constitution présentée, seulement, par les deux commissions du Conseil
des Anciens et du Conseil des Cinq cents, fut
mise en activité long-temps avant que le vœu
de la Nation fût connu : en l'année 1815,
on aurait pu, à plus forte raison, appeler à
Paris, pour le 10 ou le 15 mai, un nombre
de représentans égal à celui porté dans l'Acte
additionnel, et exiger que chaque Collége leur
donnât le mandat exprès de faire tout ce que les
circonstances exigeraient; on aurait pu à cette
époque soumettre l'Acte additionnel à leur discussion et à leur approbation, et obtenir ensuite
d'eux qu'il fût provisoirement exécuté. De cette
manière, le Gouvernement aurait été constitué
peut-être quelques jours plutôt; et cependant
la formalité de l'acceptation de la Nation aurait
été accompagnée d'un préalable, à mon avis,
iudispensable.

Il ne me reste plus qu'à émettre mon opinion sur l'art. 6 du Décret annexé à l'Acte additionnel, et qui statue que cet Acte sera envoyé à l'acceptation des armées de terre et de mer. Il est en contradiction manifeste avec l'art. 84 de la Constitution de l'an 8, qu'on nous présente encore comme loi de l'Etat, et où il est dit que la force publiqne est essentiellement obéissante, *que nul corps armé ne peut délibérer ;* il est enfin contraire aux premiers principes d'un bon système de législation, parce qu'en effet, l'obéissance passive qu'un militaire doit presque toujours à ses chefs, l'accoutume bientôt à n'avoir jamais une opinion politique différente de la leur, et que d'échelon en échelon, l'opinion unanime de l'armée se trouve nécessairement conforme à la volonté du Monarque.

On objecte qu'en l'an 8, en l'an 10 et en l'an 12 l'armée émit également son vœu ; mais je ne saurais trop le répéter, depuis quand un long abus formerait-il un titre désormais inattaquable ? D'ailleurs, si, à ces différentes époques, l'armée fut appelée à émettre son vœu, les Décrets qui étaient relatifs au mode adopté pour voter, ne parlèrent point, comme ce dernier, du droit exhorbitant qu'on se proposait de lui conférer ;

et c'était au moins un secret hommage rendu à des principes toujours existans.

Qu'on ne dise point que cette franche déclaration de mes sentimens est un outrage fait à nos braves: loin de moi la pensée de les affliger! Je leur rends toute la justice qui leur est due; je sais qu'ils sont notre orgueil et notre espoir; que quand ils ont déposé leur épée, ils savent être, comme nous, libres et indépendans. Je les verrai alors avec plaisir consigner leur vote sur le même registre que les autres Citoyens; mais tant qu'ils se présenteront à moi, armés et délibérans, je ne craindrai pas d'élever ma foible voix contre le danger de cette monstruosité politique.

Ici se termine l'exposé des motifs qui m'ont tenu plusieurs jours en suspens : il ne me reste plus qu'à parler de ceux qui me déterminent à accepter.

J'accepte l'acte additionnel, parce que, malgré ses imperfections, il nous donne une forme de Gouvernement qui se rapproche de celui des Anglais.

Je l'accepte, parce que, malgré les justes

reproches que je crois lui avoir adressés, il me paraît préférable de beaucoup, et à la Constitution de 1791, et à celle de l'an 3, et à celle de l'an 8 (sur laquelle on a enté, je ne sais trop comment, les Sénatus-Consultes de l'an 10 et de l'an 12), et à la fameuse Charte royale du mois de juin dernier, et même à la Constitution du Sénat qui l'avait précédée.

Je l'accepte, parce que ce qu'il renferme de vicieux, d'obscur ou d'imparfait, quant au fond, peut être modifié, éclairci et perfectionné, soit par la seule force de l'opinion, soit par l'action lente, mais sûre, qu'une représentation nationale régulière et nombreuse exercera successivement sur toutes les parties de ce nouveau pacte social.

Je l'accepte, parce que les vices de forme que j'y ai relevés, et que tous les citoyens éclairés y ont remarqués comme moi, peuvent facilement disparaître ; parce que j'ai la ferme confiance que les deux Chambres trouveront bientôt un moyen de concilier les justes égards dus au Monarque, avec le respect religieux qu'elles doivent avoir pour tous les principes conservateurs de l'indépendance et de la dignité des Nations.

Je l'accepte, parce que les armées ennemies sont sur nos frontières ; parce que le véritable danger est de ce côté; parce que notre premier devoir est de combattre ; parce que je veux voir punir l'insolence de ces vainqueurs d'un jour, qui rêvent déjà le démembrement de notre belle France, et qui osent parler de transformer des biens légitimement acquis, en *majorats* dont nous ne serions plus que les fermiers.

Je l'accepte enfin, parce que je crains que des différences d'opinions trop fortement prononcées ne soient le signal de quelques dissentions intestines ; parce que je tremble de voir s'accomplir cette triste prophétie de Jean-Jacques : Vous, Nations libres, ressouvenez-vous de cette maxime, qu'on peut acquérir la liberté, mais qu'on ne peut la recouvrer quand une fois elle est perdue.

F I N.

A Grenoble de l'Imprimerie de C.-P. Baralier, Grande-Rue.

www.ingramcontent.com/pod-product-compliance
Lightning Source LLC
LaVergne TN
LVHW022027080426
835513LV00009B/898